Dieses Adressbuch gehört:

EDITION
ADRESSARIUM

A

A

A

B

B

B

B

C

D

D

D

D

E

E

E

F

F

F

F

G

G

G

G

H

J

J

P

P

Q

S

S

S

s

X

X

Y

Y

Y

Z

Z

Z

Z

Impressum:

Philipp Hesse
c/o Werneburg Internet Marketing und Publikations-Service
Philipp-Kühner-Straße 2
99817 Eisenach

Copyright: Philipp Hesse

www.ingramcontent.com/pod-product-compliance
Lightning Source LLC
Chambersburg PA
CBHW072243260726
48657CB00001BA/428